rororo rotfuchs
Herausgegeben von Ute Blaich und Renate Boldt

Veröffentlicht im Rowohlt Taschenbuch Verlag GmbH,
Reinbek bei Hamburg, Februar 1993
Copyright © 1988 by Verlag Nagel & Kimche AG, Zürich/Frauenfeld
Umschlagillustration Inge Steineke
Umschlaggestaltung Nina Rothfos
rotfuchs-comic Jan P. Schniebel
Copyright © 1993 by Rowohlt Taschenbuch Verlag GmbH,
Reinbek bei Hamburg
Alle Rechte an dieser Ausgabe vorbehalten
Gesamtherstellung Clausen & Bosse, Leck
Printed in Germany
790-ISBN 3 499 20 590 4

Gudrun Pausewang

Der
Großvater
im Bollerwagen

mit Bildern
von Inge Steineke

Rowohlt

„Ich hab's satt",
sagte der Großvater eines Morgens
zu Pepito.
„Setz mich in den Bollerwagen
und fahr mich auf den Berg,
an den Abgrund auf der anderen Seite."
Pepito war gewohnt,
seinem Großvater zu gehorchen.
Er setzte ihn in den Bollerwagen
und reichte ihm seine Krücken.
Der Großvater legte sich die Krücken
vor die Brust,
quer auf den Wagen.
„Soll ich Brot und Trockenfleisch
und eine Flasche Most einpacken,
Großvater?"
fragte Pepito.
„Wozu?" fragte der Großvater.
   Als Pepito den Großvater
den Weg hinaufzog, kam ihnen
der junge Lehrer Damian entgegen.

Er wanderte hinunter
zu dem alten Schafstall,
den er als Schule eingerichtet hatte.
„Guten Morgen, Pepito", sagte er,
„wohin willst du so früh
mit deinem Großvater?"
„Er will auf den Berg", sagte Pepito,
„ganz oben hin, an den Abgrund."
„An den Abgrund?"
fragte der Lehrer erstaunt.
„Genau dorthin", sagte der Großvater
und klopfte ungeduldig
mit der Krücke auf den Wagen.
„Pepito muß mich ziehen.
Er wird heute nicht zur Schule kommen.
Erst morgen wieder.
Und jetzt halte mich nicht auf.
Ich hab's eilig."
„Ist es erlaubt, sich zu erkundigen,
was du denn dort oben vorhast?"
fragte der Lehrer Damian.

„Das geht niemanden etwas an",
antwortete der Großvater finster.
„Jedenfalls hab ich's satt.
Was soll ich hier noch?
Ich hab geliebt und hab gehaßt,
ich war traurig und glücklich,
ich hab geschwitzt und gefroren,
ich hab gearbeitet und gefeiert,
ich war mal krank, mal gesund,
ich hatte Angst und war mutig,
je nachdem,
ich war verheiratet
und hatte eine Tochter,
und nur der Enkel ist mir geblieben.
Hab ich nicht alles erlebt,
was man erleben kann?"
Der Lehrer Damian kratzte sich.
„Du hast viel erlebt, Großvater",
sagte er. „Aber etwas fehlt dir noch:
zu wissen, wie es ist,
wenn man lesen und schreiben kann.

Ich gebe auch Leseunterricht
für die Großen. Nach Feierabend.
Du bist herzlich eingeladen."
„Darauf pfeif ich", sagte der Großvater
und drehte den Kopf weg.
„Fahr zu, Pepito!"

Pepito zog den Großvater bergauf,
bis sie an Astedias Hütte vorüberkamen.
„Hallo Nachbar",
rief Astedia dem Großvater zu
und lehnte sich aus dem Fenster,
„wohin so früh?"
„Auf den Berg", knurrte der Großvater.
„Ich hab's satt.
Die Knie sind steif, und die –"
„Probier mal diesen Käse", sagte Astedia,
„irgendwas an seinem Geschmack
stimmt nicht.
Du mit deiner feinen Zunge
wirst sofort merken, woran es liegt."
Der Großvater probierte.

„Tu ein bißchen Knoblauch hinein",
sagte er, „ganz fein gehackt.
Dann wird das der feinste Käse der Welt."
„Daß ich nicht selbst
darauf gekommen bin!" rief Astedia.
„Was wäre mein Käse ohne dich?
Kehr auf dem Rückweg ein!
Es gibt selbstgebackenes Brot
und acht Sorten Käse."
„Ich komme nicht mehr zurück",
sagte der Großvater
und wischte sich den Mund
mit dem Handrücken ab.
„Fahr weiter, Pepito!"
„Das würde ich mir
nochmal gut überlegen!"
rief ihm Astedia nach und winkte.
   Der Weg war steil.
Pepito war klein und mager.
Er mußte eine Weile stehenbleiben
und sich an den Bollerwagen lehnen.

Mit der großen Zehe
zeichnete er in den Sand.
„Das heißt AU, Großvater", sagte er.
Der Großvater schaute hin,
dann guckte er weg.
„Du mit deinen dummen Buchstaben
kannst mir den Buckel runterrutschen",
brummte er. „Fahr weiter!"
    Sie kamen an Rufinos Hütte vorbei.
Rufino war Gitarrenspieler.
Als er den Großvater im Bollerwagen
erkannte,
rief er: „Hallo, alter Freund,
wohin so früh?"
„Auf den Berg",
antwortete der Großvater.
„Ich hab's satt. Die Knie sind steif,
die Finger sind krumm. Und die –"
„Du bist doch auch
ein guter Gitarrenspieler gewesen",
sagte Rufino.

„Hör dir mal meine Gitarre an.
Sie klingt nicht mehr voll.
Ich komme nicht dahinter,
woran es liegt."
Er reichte dem Großvater die Gitarre.
Der fuhr mit seinen krummen Fingern
zärtlich über die Saiten
und lauschte mit vorgestrecktem Kopf.
„Die hat was im Bauch", sagte er,
griff tief in das Schalloch,
tastete und fühlte herum
und holte schließlich eine Raupe heraus,
die sich in der Gitarre verpuppt hatte.
„Danke!" rief Rufino.
„Kehr auf dem Rückweg ein!
Ich spiele dir alle Melodien,
die du hören möchtest."
„Ich komme nicht mehr zurück",
sagte der Großvater grimmig.
„Und wenn ich dich erwarte?"
rief Rufino lachend und winkte ihm nach.

Der Weg wurde steiler.
Pepito schwitzte,
obwohl der Großvater nicht viel wog.
Er mußte sich wieder ausruhen.
Neben dem Bollerwagen
kauerte er sich nieder
und zeichnete
mit dem Finger in den Sand.
„Du kannst keinen Augenblick
stillsitzen", sagte der Großvater.
„Das ist ein E", sagte Pepito. „Schau, so."
Der Großvater schaute hin,
dann guckte er weg.
„Ob AU oder E, das ist mir egal",
brummte er. „Fahr weiter!"
  Sie erreichten Rosalinas Häuschen.
Rosalina kam an den Zaun.
Auf dem Arm trug sie ihr kleines Kind.
„Hallo, Gevatter", sagte sie,
„wohin so früh?"
„Auf den Berg",

antwortete der Großvater.
„Ich kann dir gar nicht sagen,
wie satt ich das alles habe:
Die Knie sind steif,
die Finger sind krumm,
die Augen tränen,
der Magen drückt und der –"
„Du verstehst doch was
von Krankheiten",
sagte Rosalina bekümmert
und hielt dem Großvater ihr Kind hin.
„Schau dir meinen Joselito an.
Er ißt
und ißt den ganzen Tag
und hat einen dicken Bauch.
Aber er hat Ringe unter den Augen
und ist müde und blaß.
Was fehlt ihm nur?"
Der Großvater betastete Joselitos Leib.
„Würmer hat er im Bauch", sagte er.
„Zerstampfe Kürbiskerne,

rühre sie mit Milch an
und gib ihm den Brei
auf nüchternen Magen."
„Gott schenke dir ein langes Leben",
rief Rosalina, „damit du
noch vielen Kranken helfen kannst!
Und schau auf dem Rückweg herein.
Ich stricke dir einen Nierenwärmer
aus dicker Wolle. Ich stricke schnell.
Bis du wiederkommst, ist er fertig."
„Ich komme aber nicht wieder",
sagte der Großvater zornig.
„Was ist deine Lieblingsfarbe?"
rief ihm Rosalina nach und winkte.
„Rot!" rief der Großvater zurück.
   Der Weg wurde schmaler
und immer steiler.
„Laß dir Zeit, Junge",
sagte der Großvater.
„Auf eine Viertelstunde
früher oder später

kommt's nicht an."
Pepito ruhte sich gerne aus.
Er setzte sich im Schneidersitz
neben den Wagen
und zeichnete
mit einem Zweig in den Sand.
„Das ist ein I", erklärte er.
Der Großvater schaute hin,
dann guckte er weg.
„Was geht mich dein I an",
knurrte er.
Pepito spannte sich wieder
vor den Wagen.

    Auf der halben Höhe des Berges
kamen sie an Antonios Hütte vorüber.
Antonio saß davor
und wetzte die Sense.
„Hallo, bist du's?" rief er.
„Wohin so früh?"
„Auf den Berg",
antwortete der Großvater.

„Ich hab's satt.
Die Knie sind steif,
die Finger sind krumm,
die Augen tränen, der Magen drückt,
der Rücken schmerzt, und ich – "
„Gut, daß du kommst", sagte Antonio.
„Du verstehst dich doch aufs Wetter.
Wie wird's? Bleibt's trocken?"
Der Großvater blinzelte
in den dunstigen Himmel
und schnupperte.
„Es gibt prächtiges Heuwetter", sagte er.
„Dann gehe ich mähen!" rief Antonio
und griff nach der Sense.
„Auf deinem Rückweg kehr bei mir ein,
zu einem Glas Most, mein Lieber!"
„Ich komme nicht zurück",
sagte der Großvater
und starrte Antonio trotzig an.
„Willst du dir
meinen Most entgehen lassen?"

fragte Antonio.
„Das überleg dir noch mal!"
Und er schlug dem Großvater
lachend auf die Schulter.

Der Weg war jetzt nur noch ein Pfad.
Pepito keuchte.
„Mach langsam", sagte der Großvater,
„es ist noch nicht einmal Mittag."
Pepito zog den Wagen
unter einen alten Baum.
Mit seinem Taschenmesser schnitt er
Kerben in die Rinde des Stammes.
„Was machst du da?"
fragte der Großvater.
„Ein O", antwortete Pepito.
Der Großvater warf einen Blick
aus den Augenwinkeln auf das O,
sagte aber nichts.
Pepito zog den Wagen weiter.

Die Wolken wurden durchsichtiger.
Wie eine weiße Scheibe hing die Sonne

über dem Gipfel im Dunst.
„Oben wird es klar sein",
sagte der Großvater zu Pepito.
   Nach einer guten Weile
begegneten sie Isabel und Isidor.
Die hielten sich an den Händen.
„Hallo, Großväterchen", rief Isabel,
„habt ihr euch verirrt?
Da oben ist nur der Gipfel."
„Genau dort will ich hin",
sagte der Großvater.
„Ich hab's satt.
Die Knie sind steif,
die Finger sind krumm,
die Augen tränen, der Magen drückt,
der Rücken schmerzt, meine Zähne
sind mir ausgefallen bis auf zwei:
einen unten und einen oben, und das –"
„Hör mal", sagte Isabel,
„du kennst dich doch aus in der Liebe.
Wir beide mögen uns sehr,

Isidor und ich,
und möchten immer zusammenbleiben.
Aber alle raten uns ab,
weil Isidor schwarz ist und ich weiß bin.
Was meinst du dazu?"
„Wenn ihr glaubt", sagte der Großvater,
„daß Isidor deine Liebe wert ist
und du die seine,
dann wagt es –"
„Oh danke, danke!" rief Isabel,
fiel dem Großvater um den Hals
und drückte ihm
einen Kuß auf die Wange.
„Das tut gut", sagte der Großvater.
„Du sollst Pate
unseres ersten Kindes werden
und ihm deinen Namen geben",
sagte Isabel.
Der Großvater schüttelte den Kopf.
„Mit mir braucht ihr nicht mehr
zu rechnen",

sagte er. „Ich komme nicht zurück."
Aber Isabel und Isidor waren den Hang
schon Hand in Hand hinuntergelaufen.
„AURELIO heiße ich!"
rief ihnen der Großvater nach.
Seine Stimme war heiser.
Trotzdem hörte man sie
fast bis hinunter ins Tal.
   Pepito und der Großvater
kamen nur noch mühselig vorwärts.
Der Pfad war steinig.
„Langsam, Junge, langsam",
sagte der Großvater,
„dir tropft der Schweiß vom Kinn.
Zu dem, was ich vorhabe,
komme ich allemal rechtzeitig an."
Pepito warf sich auf den Boden
und zeichnete mit der Nase in den Sand,
dann rollte er sich auf die Seite
und schloß die Augen.
Es tat so gut, sich auszuruhen.

Im Halbschlaf
hörte er den Großvater lesen:
„AU-E-I-O."
Und er hörte den Großvater sagen:
„Das kommt mir so bekannt vor.
Das erinnert mich an etwas.
Wenn ich nur wüßte, an was ..."
„Du hast ja doch lesen gelernt,
Großvater!" rief Pepito.
Der Großvater grinste:
„Nicht wahr, du hast dich schon gefreut,
daß du jetzt mehr kannst als ich!"
   Auf dem Hang
zwischen den Felsblöcken
saßen zwei Hirten bei einer Ziegenherde
und sangen ein Lied,
das weithin schallte.
Sie sangen zweistimmig.
„Hallo, wohin, ihr beiden?"
riefen sie dem Großvater und Pepito zu.
„Weiter oben ist nichts mehr,

nur noch Gipfel und Himmel
und ringsum eine weite Aussicht."
„Und der Abgrund",
sagte der Großvater.
„Zu dem will ich.
Denn ich hab's satt.
Die Knie sind steif,
die Finger sind krumm,
die Augen tränen,
der Magen drückt,
der Rücken schmerzt,
die Zähne bis auf zwei
sind mir ausgefallen,
das Rheuma plagt mich,
und ich friere immer so –"
„Ja, ja", sagten die Hirten,
„aber kannst du zufällig
eine dritte Stimme zu unserem Lied?"
„Und ob ich die kann!"
sagte der Großvater stolz.
„Dieses Lied habe ich oft gesungen,

als ich jünger war."
Er räusperte sich und sang.
Seine Stimme war schon ziemlich heiser.
Trotzdem klang das Lied,
dreistimmig gesungen, wunderschön.
„Sing mit!"
rief der Großvater Pepito zu.
Sie sangen
alle siebenundzwanzig Strophen.
Als sie geendet hatten,
bedankten sich die Hirten.
„Wenn ihr zurückkommt,
singen wir weiter", sagten sie.
„Ich komme nicht zurück",
sagte der Großvater.
„Du kannst nicht nur die Stimme halten,
sondern auch Witze machen",
sagten die Hirten und lachten.
„Wir üben schon für später,
wenn ihr wieder zurück seid",
riefen sie ihm nach.

Nun rumpelte der Wagen durch Geröll.
Hier wuchsen
nicht einmal mehr Sträucher.
Nur noch kümmerliche Gräser
und Blumen wucherten
zwischen den Steinen.
„Gleich sind wir oben", ächzte Pepito
und wischte sich
den Schweiß aus den Augen.
Der Großvater schob die Krücken
aus dem Wagen und stützte ihn ab,
damit er nicht umkippte.
„Laß uns rasten",
meinte er nach einer Weile.
„Heb mich aus dem Wagen!"
Pepito hob ihn aus dem Wagen
und setzte ihn so ins Gras,
daß er sich an einen Felsblock
lehnen konnte.
Der Großvater hob die Nase
und schnupperte.

„Thymian und Kamille",
sagte er, schloß die Augen
und legte die Hände in den Schoß.
„Wie es hier summt", flüsterte er.
„Bienen und Hummeln", sagte Pepito.
　Die Sonne stand jetzt
fast senkrecht über ihnen.
„Mir ist warm", sagte der Großvater.
„Willst du nicht ein bißchen schlafen?"
fragte Pepito.
„Wenn nur die Träume nicht wären,
die bösen und die traurigen",
sagte der Großvater und seufzte.
Er beugte sich vornüber
und schrieb mit dem Finger in den Sand:
AU-E-I-O.
Als er fertig war, sagte er:
„Da fehlt doch noch was. Aber was?"
„Das R und das L", sagte Pepito.
　Nach einer Stunde sagte Pepito:
„Jetzt müssen wir weiter, Großvater."

Aber der Großvater wollte noch nicht.
Pepito kuschelte sich an ihn.
Da schliefen sie beide ein.
Eng umschlungen schliefen sie lange.
Eine Hummel weckte Pepito,
als sie ihm
ins Nasenloch kriechen wollte.
„Komm, Großvater", sagte er,
aber der Großvater tat,
als habe er nichts gehört.
Und so saßen der alte Mann
und der Junge
zwischen den Bäumen und Kräutern
am Hang, bis die Sonne
über den Gipfel gerückt war.
Da seufzte der Großvater: „R und L –
ich probiere und probiere.
Aber es ergibt keinen Sinn."
Er ließ sich auf den Bollerwagen heben.
„Noch eine halbe Stunde,
dann sind wir oben", sagte Pepito.

Er quälte sich durch die Steine bergauf.
„Meinst du, du könntest die Deichsel
zwischen die Füße nehmen, Großvater?"
fragte er. „Dann könnte ich schieben.
Das wäre leichter."
„Gehen kann ich zwar nicht mehr",
meinte der Großvater,
„aber meine Knie sind so steif,
daß ich gut mit ihnen lenken kann."
Und so nahm er die Deichsel
zwischen die Füße, und Pepito schob.
Nach einer Viertelstunde
konnte er nicht mehr.
Er stemmte sich gegen den Wagen,
damit er nicht zurückrollen konnte.
„L und R", sagte der Großvater,
„an den Anfang? In die Mitte? Ans Ende?"
 Da ertönte lautes Geschrei:
Der Lehrer kam mit seinen Schulkindern
den Hang heraufgeklettert.
„Hallo, Pepito!" riefen die Kinder.

„Hallo, Großvater", rief der Lehrer.
„Als die Sonne herauskam,
haben wir uns
zu einem Ausflug entschlossen.
Wart ihr schon oben?"
Als Pepito den Kopf schüttelte
rief der Lehrer die Kinder zusammen
und ließ sie den Wagen schieben.
Der Wagen setzte über die Steine,
daß die Funken nur so sprühten.
Mit einem letzten großen Schwung
erreichten sie den Gipfel.
„Halt!" schrie der Großvater.
„Da ist doch der Abgrund!"
Erschrocken rissen die Kinder
den Wagen zurück.
  Pepito schob einen Stein
vor das linke Vorderrad
und einen anderen Stein
hinter das rechte Hinterrad.
Dann beugte er sich,

wie die anderen Kinder,
über den Abgrund.
„Was seht ihr?" fragte der Großvater.
„Winzige Hütten",
berichteten die Kinder,
„winzige Wege und Felder,
ganz, ganz winzige Menschen –
und viel Nebel zwischen den Bergen.
Oder – sind's Wolken?"
„Kann schon sein", sagte der Lehrer.
„Dies ist der höchste Berg
weit und breit.
Deshalb ist hier oben Sonne."
„Und wie heiß sie scheint!"
sagte der Großvater.
Dann pfiff der Lehrer zum Rückweg.
Er wollte den Großvater mitnehmen.
Aber der schüttelte den Kopf.
„Recht hast du", sagte der Lehrer,
„laß dir Zeit. Bis morgen, Pepito."
Mit Gelächter und Geschrei stürmte

der Schwarm den Hang hinunter,
und Pepito
winkte seinen Freunden nach,
bis keiner mehr von ihnen zu sehen war.
   Pepito stand mit gesenktem Kopf
und wartete.
„Ich glaub, ich hab's",
rief der Großvater plötzlich.
„Es heißt AU-R-E-L-I-O!"
Er ließ sich von Pepito zeigen,
wie man das R und das L schreibt,
und zeichnete seinen Namen
mit der Krücke auf die Erde.
„Aurelio – das bin ich.
Ein Teufelszeug, diese Buchstaben.
Wie merkwürdig das ist,
wenn man seinen eigenen Namen liest!"
Pepito stand und wartete.
„Jetzt bin ich bereit",
sagte der Großvater.
„Den Wagen nimm nur wieder mit.

Kannst dich ja
hineinsetzen und hinuntersausen.
So eine Fahrt macht dir doch Spaß?"
„Nur mit dir, Großvater, nur mit dir",
sagte Pepito und brach in Tränen aus.
„Also gut", sagte der Großvater,
„ich laß mich erweichen. Außerdem
hab ich Lust
aufs Lesen und Singen bekommen,
und den Nierenwärmer
und das Gitarrenspiel
will ich mir nicht entgehen lassen.
Und soll Antonio seinen Most
allein trinken? Das wäre unhöflich.
Außerdem hab ich Hunger.
Verschieben wir das hier
bis nach der Taufe
von Isabels und Isidors Kind.
Oder bis später. Wenn überhaupt."
Da umarmte Pepito seinen Großvater
mit einem Jubelschrei,

kickte die zwei Steine weg,
drehte den Wagen um, schob ihn an,
sprang auf und kauerte sich,
während sie schon
den Hang hinunterrollten,
hinter den Großvater, der die Deichsel
zwischen den Füßen hatte.
„Es lohnt sich noch!"
schmetterte der Großvater.
„Holladihoooooooooooo!"

Gudrun Pausewang unterrichtete an Volksschulen, bis sie 1956 an die deutschen Auslandsschulen in Chile und Venezuela entsandt wurde. Die südamerikanische Umgebung inspirierte sie zu ihrem ersten Roman „Rio Amargo". Für ihre engagierten Kinderbücher, wie „Die Not der Familie Caldera", „Die letzten Kinder von Schewenborn", „Frieden kommt nicht von allein" wurde sie mehrfach ausgezeichnet, zweimal mit dem Sonderpreis zum Deutschen Jugendbuchpreis, ferner mit dem Gustav-Heinemann-Friedenspreis, dem Buxtehuder Bullen, dem Zürcher Kinderbuchpreis.

Inge Steineke studierte an der Hochschule für Bildende Künste in Berlin. Lebt heute in Bremen, arbeitet als Kunstpädagogin und seit 1983 als Illustratorin. Ihre Bilder sind mehrfach ausgestellt worden, u. a. im Gutenberg-Museum in Mainz, auf der Buchmesse in Bologna und im Centre Pompidou in Paris.

Foto: Monika Thein